STEVE JOBS

EM 250 FRASES

STEVE JOBS

EM 250 FRASES

Organizado por Alan Ken Thomas

TRADUÇÃO
Joana Faro

3ª edição

best.
business

CIP-BRASIL. CATALOGAÇÃO-NA-FONTE
SINDICATO NACIONAL DOS EDITORES DE LIVROS, RJ.

Jobs, Steven, 1955-2011
J59s   Steve Jobs em 250 frases / organizado por Alan Ken Thomas; tradução:
3ª ed. Joana Faro. — 3ª ed. — Rio de Janeiro: Best Business, 2012.

Tradução de: The business wisdom of Steve Jobs
ISBN 978-85-7684-610-9

1. Jobs, Steven, 1955-2011 — Citações. 2. Apple Computer, Inc. 3.
Computadores — Indústria — Estados Unidos. 4. Homens de negócios —
Estados Unidos. I. Thomas, Alan Ken. II. Título.
11-7383.   CDD: 650.14
                                                           CDU: 331.548

Texto revisado segundo o novo Acordo Ortográfico da Língua Portuguesa.

Título original norte-americano
THE BUSINESS WISDOM OF STEVE JOBS
Copyright © 2011 by Skyhorse Publishing, Inc
Copyright da tradução © 2011 by Editora Best Seller Ltda.

Publicado mediante acordo com Skyhorse Publishing, 307 West 36th Street, 11th
Floor, New York, NY 10018.

Capa: Leonardo Iaccarino
Editoração eletrônica: FA editoração
Crédito de imagem da capa: Getty images

Todos os direitos reservados. Proibida a reprodução,
no todo ou em parte, sem autorização prévia por escrito da editora,
sejam quais forem os meios empregados.

Direitos exclusivos de publicação em língua portuguesa para o Brasil
adquiridos pela
EDITORA BEST BUSINESS um selo da EDITORA BEST SELLER LTDA.
Rua Argentina, 171, parte, São Cristóvão
Rio de Janeiro, RJ — 20921-380
que se reserva a propriedade literária desta tradução
Impresso no Brasil

ISBN 978-85-7684-610-9

Seja um leitor preferencial Record.
Cadastre-se e receba informações sobre nossos lançamentos e nossas promoções.

Atendimento e venda direta ao leitor
mdireto@record.com.br ou (21) 2585-2002

Introdução 7

Sobre o começo 13

Sobre negócios 25

Sobre liderança 55

Sobre inovação 65

Sobre todos os outros 87

Sobre tecnologia 105

Sobre motivação 119

Sobre legado 135

Sobre a vida 151

Introdução

Mesmo na morte as pessoas continuam divididas em relação a Steve Jobs, o cofundador da Apple Inc., conhecido mundialmente como o homem por trás do iMac, do iPod, do iPhone e do iPad.

Para alguns, Jobs foi alguém que mudou o mundo para melhor, um inventor e empreendedor cujo impacto na vida cotidiana é imensurável. Para outros, Jobs era um falso ídolo, o símbolo de tudo o que está errado com uma empresa que esconde o jogo. Todos tinham uma opinião sobre ele.

Mas ele nem sempre foi o centro das atenções. Steven Paul Jobs nasceu em São Francisco, em 1955, e foi adotado por Paul e Clara Jobs. Desistiu da universidade e percebeu que a falta de ensino superior obstruía seu caminho para a indústria de tecnologia. Eventualmente, ele encontrou um emprego na florescente empresa de videogames Atari, Inc., e foi mais ou menos nessa época que conheceu Steve Wozniak.

STEVE JOBS EM 250 FRASES

Foi um começo humilde: Jobs, Wozniak e o terceiro sócio, Ronald Wayne, fundaram a Apple em 1976. Um ano depois, o Apple II foi lançado com algum sucesso, mas só em 1984, com um anúncio no Superbowl e o lançamento do Macintosh, a Apple realmente começou a primeira de duas ascensões criativas e financeiras.

Como se sabe, Jobs era um criador brilhante, mas difícil; alguém motivado pela ideia de que quanto mais simples o design e mais fácil a utilização, melhor o produto. Mas suas ideias e ambições pouco ortodoxas eventualmente forçaram sua resignação da Apple em meio a disputas de poder no conselho de diretores e executivos da companhia.

Ele saiu em 1985 e, dada a história da empresa, fica claro que em sua ausência a Apple começou a estagnar em matéria de inovação e produtos, enquanto as duas novas empreitadas de Jobs se tornavam a base para o período posterior de sua vida.

No caso da Pixar, originalmente uma pequena ramificação de design gráfico da Lucasfilm, Jobs comprou uma empresa de 10 milhões de dólares e a vendeu, menos de vinte anos depois, por 7,4 bilhões para a Disney. Nesse meio-tempo, a empresa revolucionou a animação, começando com *Toy Story* e lançando

Introdução

bem-sucedidos longas-metragens quase todos os anos desde então.

Na NeXT Computer, a visão de Jobs para o computador como ferramenta educacional acabaria se revelando cara demais para o sucesso em massa, mas as qualidades técnicas de hardware e software estavam anos à frente de seu tempo, algo que até a Apple reconheceu, pois adquiriu a companhia em 1997 e recontratou Jobs com ela.

E assim começou a história que praticamente todo mundo conhece agora: primeiro veio o iMac, com seu design original inteiriço e suas nuances tecnicolor. Depois foi o iPod, virando a indústria da música de cabeça para baixo e marcando a nova época e o novo formato das vendas de música digital. O iPhone e o iPad aperfeiçoaram a ideia do iPod de portabilidade e acessibilidade, excederam todas as expectativas, solidificando o legado de Jobs e o retorno da Apple Inc., algo que poucas pessoas previam.

Este livro foi escrito e pesquisado em um iMac, com mensagens de texto de um iPhone vibrando na mesa perto de mim, minha namorada digitando em um iPad na sala de estar, e um iPod sendo atualizado no iTunes no plano de fundo do computador. Digitar esta frase e relê-la pareceu estranho — me fez parecer um fanático obcecado pelo "culto ao Mac". Mas então duas coisas me ocorreram: primeiro, que uma parte extraordinária de meu dia gira em torno de produtos cuja produção foi supervisionada por Steve Jobs e, segundo, que minha atual situação não está restrita a escolher entre uns poucos tecnófilos.

É indiscutível que a vida de pessoas no mundo inteiro foi modificada (se para melhor ou para pior é uma questão completamente distinta) com o surgimento da computação pessoal. Pegue uma semana e comece a contar quantas horas você passa usando um computador, ouvindo música com aparelho digital, operando um smartphone. Direta ou indiretamente, Steve Jobs empurrou o mundo à força na direção em que desejava. Ele pode não ter sido o inventor de nenhum dos dispositivos ou programas que acabaram se tornando indissociáveis de seu nome, mas sua genialidade estava em entender e antecipar o que as pessoas queriam antes que sequer soubessem que aquilo existia (há um bom número de frases nesta compilação relatando exatamente esse sentimento).

Henry David Thoreau disse que queria "viver profundamente e sugar todo o tutano da vida... destruir tudo o que não fosse vida... e não, quando viesse a

Introdução

morrer, descobrir que não tinha vivido". Evidentemente, quando Steve Jobs afinal sucumbiu ao câncer de pâncreas, aos 56 anos, ninguém podia questionar se ele tinha sugado o tutano da vida. Ele continuou a conduzir a Apple e a humanidade em direção ao futuro praticamente até o dia de sua morte. Era singular e reservado, tanto como indivíduo quanto como o rosto público da Apple Inc. Talvez você não se surpreenda ao descobrir que o número de entrevistas que ele concedeu desde 1976 é limitado. Mas o que me tocou e, com sorte, deixará uma marca em você, é quanto ele era capaz de comunicar em um curto período de tempo. Seu discurso de formatura na Universidade de Stanford, em 2005, poderia sozinho tornar-se uma obra literária.

Como muitos ressaltaram, é raro que um homem represente o rosto de uma companhia como Steve Jobs representou a Apple. Talvez seja por isso que tantos tiveram uma reação tão pessoal ao ouvir a notícia de seu falecimento. Não porque ele fosse um homem particularmente bom e generoso (como algumas passagens deste livro indicarão). Não porque os produtos da Apple fossem perfeitos (não eram, e você verá um pouco disso aqui também). Talvez, apenas, tenha sido porque nos últimos dez anos tenhamos confiado em

Steve para nos mostrar o que vinha a seguir, para nos informar em que direção estávamos indo e do que precisaríamos para chegar lá. Pode ser que, subconscientemente, sejamos todos fanáticos, querendo ou não admitir.

As ações da Apple tiveram uma queda temporária imediatamente após a morte de Steve Jobs, e gosto de pensar, de maneira romântica, que pela primeira vez em uma década houve um momento breve, mas geral, em que o mundo, repentinamente incerto do futuro, cambaleou enquanto dava os primeiros passos sem ele.

— A.K.T., 2011

# Sobre o começo

Sobre o começo

Nós começamos com uma perspectiva bastante idealista — de que fazer alguma coisa com a mais alta qualidade e acertar logo na primeira vez seria realmente mais barato do que ter que voltar e refazer.

— *Newsweek*, 1984

A maior parte do Vale do Silício naquela época ainda era formada por pomares — pomares de damasco e de ameixa —, e era um paraíso. Lembro-me de que o ar era cristalino, permitindo ver de um lado a outro do vale.

— Sobre crescer no Vale do Silício
no começo dos anos 1960,
Smithsonian Institution, 1995

Ficou muito mais claro que as coisas eram o resultado de criação humana, não algo mágico que simplesmente aparecia em um ambiente e não se tinha conhecimento de seu interior. Saber que através da exploração e do aprendizado alguém podia entender coisas aparentemente muito complexas a seu redor aumentava enormemente a autoconfiança. Minha infância foi muito afortunada nesse sentido.

— Smithsonian Institution, 1995

Quando finalmente apresentamos [o computador desktop Macintosh] na reunião dos acionistas, todo o auditório deu uma salva de palmas de cinco minutos. O incrível para mim foi que eu conseguia ver a equipe do Mac nas primeiras filas. Era como se nenhum de nós conseguisse acreditar que tínhamos realmente terminado. Todos começaram a chorar.

— *Playboy*, 1985

Sobre o começo

Normalmente, são necessários dez anos e 100 milhões de dólares para associar um símbolo ao nome da empresa. Nosso desafio era como arranjar uma pequena joia que pudéssemos usar sem um nome para colocar no produto.

— Entrevista de 1993 sobre
o famoso logotipo da Apple

Eu estava no estacionamento, com a chave na porta do carro e pensei comigo: 'Se esta fosse minha última noite na Terra, eu preferiria passá-la em uma reunião de negócios ou com esta mulher?' Atravessei correndo o estacionamento e perguntei se ela queria jantar comigo. Ela disse que sim, andamos até a cidade e estamos juntos desde então.

— Sobre conhecer a esposa, Laurene,
The New York Times, 1997

Sobre o começo

As pessoas que construíram o Vale do Silício eram engenheiros. Eles estudaram negócios, estudaram uma série de coisas diferentes, mas tinham uma crença verdadeira nos seres humanos, de que se trabalhassem duro com outras pessoas criativas e inteligentes poderiam resolver a maioria dos problemas da humanidade. Acredito muito nisso.

— *Wired*, 1996

Uma das coisas que fiz quando voltei para a Apple há dez anos foi dar ao museu todos os documentos e todas as máquinas velhas para Stanford, meio que tirar as teias de aranha e dizer: 'Vamos parar de olhar para trás. O importante é o que acontecerá amanhã.'

— Conferência All Things Digital D5, 2007

Praticamente desde o começo da Apple nós fomos, por alguma razão incrivelmente afortunada, bastante sortudos de estar no lugar certo, na hora certa.

Eu jantei na casa de Bill Gates em Seattle há algumas semanas. Ambos estávamos comentando que em certa época éramos os caras mais novos do nosso negócio, e agora somos os coroas.

Sobre o começo

Fomos à Atari e dissemos: 'Ei, temos algo maravilhoso, feito inclusive com algumas de suas peças, o que acham de nos financiar? Ou podemos ceder para vocês. Só queremos fazê-lo. Paguem nosso salário e viremos trabalhar aqui.' E eles disseram: 'Não.' Então fomos à Hewlett-Packard e eles disseram: 'Não precisamos de vocês. Ainda nem terminaram a faculdade.

Acho que este é o começo de algo realmente grande. Às vezes, o primeiro passo é o mais difícil, e nós acabamos de dá-lo.

Eu tive sorte...Descobri o que amo fazer no começo da vida.

Sobre o começo

[O cofundador da Apple, Steve Wozniak] e eu gostamos muito da poesia de Bob Dylan e passávamos um bom tempo pensando no que ele dizia. Estávamos na Califórnia. Dava para arranjar LSD recém-feito em Stanford. Era possível passar a noite em um banco com sua namorada. A Califórnia tem um senso de experimentação e de abertura — abertura a novas possibilidades.

— *Playboy*, 1985

Vocês viram o comercial de 1984. A Macintosh era uma empresa relativamente pequena de Cupertino, Califórnia, opondo-se à gigante IBM e dizendo: 'Espere aí, o jeito de vocês está errado. Não é esse o caminho que queremos para os computadores. Não é esse legado que queremos deixar. Não é isso que queremos que nossos filhos aprendam. Está errado, e vamos mostrar o jeito certo de fazer, que é este aqui. Chama-se Macintosh, e é muito melhor. Vai derrotá-los, e vocês vão ceder a ele.

— Smithsonian Institution, 1995

Sobre negócios

Sobre negócios

Você não pode simplesmente perguntar aos clientes o que querem e então tentar dar isso a eles. Quando estiver pronto, vão querer outra coisa.

— *Inc.*, 1989

Qualidade é mais importante do que quantidade. Um *home run* é muito melhor que dois *doubles*.

— *BusinessWeek*, 2006

A Apple tem um enorme patrimônio, mas acredito que sem um pouco de atenção a companhia poderia, poderia, poderia... Estou procurando a palavra certa... Poderia morrer.

— *Time*, 1997, sobre seu retorno à Apple como CEO

A cura para a Apple não é o corte de custos. A cura para a Apple é sair de sua situação atual através da inovação.

— *Apple Confidential 2.0: The Definitive History of the World's Most Colorful Company*, 2004, de Owen W. Linzmayer

Sobre negócios

Este tem sido um de meus mantras — foco e simplicidade. O simples pode ser mais difícil do que o complexo: é preciso trabalhar duro para limpar seus pensamentos de forma a torná-los simples. Mas no final vale a pena, porque, quando chegamos lá, podemos mover montanhas.

— *BusinessWeek*, 1998

Sabe, não acreditamos que o Mac vá tomar 80% do mercado do PC.

Não se pode antecipar exatamente o que vai acontecer, mas é possível sentir a direção em que estamos indo. E isso é o mais perto que se pode chegar. Então, simplesmente nos afastamos e saímos do caminho, e essas coisas ganham vida própria.

— *Rolling Stone*, 1994

Sobre negócios

Estamos apostando em nossa visão e preferimos isso a produzir cópias de outros produtos. Que outras empresas o façam. Para nós, o que importa é sempre o próximo sonho.

— Entrevista para o lançamento do Macintosh, 1984

Seja um modelo de qualidade. Algumas pessoas não estão acostumadas a um ambiente no qual a excelência é esperada.

Se os direitos autorais se extinguirem, se as patentes se extinguirem, se a proteção à propriedade intelectual se desgastar, as pessoas deixarão de investir. Isso prejudica todo mundo.

— *Rolling Stone*, 2003

Não estamos construindo apenas um computador, estamos construindo uma empresa.

— *Esquire*, 1986

Sobre negócios

A Apple é uma empresa que não tem a maioria dos recursos que as outras têm. A forma como temos obtido sucesso é escolhendo que cavalos montaremos com muito cuidado... Somos organizados como uma empresa iniciante. Somos a maior empresa iniciante do planeta.

— Conferência All Things Digital D8, 2010

Se a Mercedes fizesse uma bicicleta, um hambúrguer ou um computador, não acho que haveria muita vantagem em colocar seu logotipo no produto. Também não acho que a Apple teria muito lucro colocando seu nome em um carro. E não é só porque o mundo inteiro está se tornando digital — TV, áudio etc. — que há algo errado em estar apenas no negócio de computadores. O negócio de computadores é imenso.

— *Fortune*, 1998

Sobre negócios

É preciso ter uma cultura muito voltada para o produto, mesmo em uma empresa de tecnologia. Muitas empresas têm um número enorme de grandes engenheiros e pessoas inteligentes, mas, no final, é necessário haver alguma força gravitacional que una isso tudo. Do contrário, podemos ter grandes obras tecnológicas flutuando pelo universo.

— *Newsweek*, 2004

Acho que a saída não é destruir, é inovar. Foi assim que a Apple atingiu a glória, e é assim que pode voltar a ela.

— *Wall $treet Week*, 1996

Podemos olhar para trás e dizer: 'Sabe, eu queria não ter sido demitido, queria ter estado lá, queria isso, queria aquilo.' Não importa. Então, inventemos o amanhã em vez de ficar nos preocupando com o que aconteceu ontem.

— Conferência All Things Digital D5, 2007

Sobre negócios

O sistema é que não existe sistema. Isso não significa que não temos método. A Apple é uma empresa muito disciplinada, e temos muitos métodos. Mas não nos prendemos a isso. O método nos torna mais eficientes.

— *Newsweek*, 2004

Havia 15 linhas de produtos quando cheguei aqui. Era incrível. Não se conseguia decidir o que comprar. Comecei a fazer perguntas e ninguém conseguia me explicar aquilo.

— Sobre o retorno à Apple

O modelo de comprar música por assinatura está falido. Acho que você poderia tornar o Juízo Final disponível em um modelo de assinatura e poderia não ser bem-sucedido.

— *Rolling Stone*, 2003

Eu sempre quis conhecer e controlar a tecnologia primária em tudo o que fazemos.

— *BusinessWeek*, 2004

Sobre negócios

Tive que tomar algumas decisões muito difíceis. Como a de acabar com o negócio dos clones. Em retrocesso, parece inteligente, mas você já recebeu ameaças de morte? Foi assustador.

— Sobre as mudanças difíceis que tive que fazer ao retornar à Apple como CEO

Acho que se você cria algo que acaba ficando muito bom, deveria logo partir para outra coisa maravilhosa, não ficar estagnado naquilo por muito tempo. Simplesmente descubra o que vem a seguir.

— MSNBC, 2006

Simplesmente evite segurá-lo desse jeito.

> — E-mail pessoal a um cliente preocupado com um problema de recepção da antena do recém-lançado iPhone 4, no qual as chamadas caíam quando o usuário segurava as laterais de aço do produto, 2010.

Acho que construir uma empresa é muito difícil e exige suas maiores habilidades persuasivas para contratar as melhores pessoas que puder, conservá-las na companhia, mantê-las trabalhando e, com sorte, fazendo o melhor trabalho de suas vidas.

> — All Things Digital D5

Sobre negócios

Eu era o cara mais novo em todas as reuniões a que comparecia e agora geralmente sou o mais velho. E quanto mais envelheço, mais me convenço de que a motivação faz muita diferença.

— *BusinessWeek*, 2004

Acho muito difícil para uma empresa fazer tudo. A vida é complexa.

— Conferência All Things Digital D5, 2007

Existem tênis que custam mais do que um iPod.

— Sobre o preço de 300 dólares do iPod,
Newsweek, 2003

Bem, você nos conhece. Nunca falamos sobre os futuros produtos. Havia um ditado na Apple: 'Não é engraçado? Um navio que vaza por cima.' Não quero perpetuar isso. Então, realmente não posso dizer.

— Sobre qualquer informação
a respeito dos lançamentos futuros do iPod,
ABC News, 2005

Sobre negócios

Não penso em termos de participação de mercado, penso em fazermos os melhores computadores do mundo e, se conseguirmos, acho que nossa participação de mercado subirá.

— CNA, 1999

Para mim, essa empresa é uma das invenções mais maravilhosas da humanidade.

— *Fortune*, 1998

Muitas empresas escolheram cortar gastos e talvez fosse a coisa certa para elas. Escolhemos um caminho diferente. Nossa crença era de que se continuássemos apresentando ótimos produtos aos clientes, eles continuariam abrindo a carteira.

Sobre negócios

A Microsoft não foi inteligente ou esperta ao copiar o Mac, o Mac é que foi um alvo fácil por dez anos. Esse é o problema da Apple: sua diferenciação evaporou.

Se eu estivesse dirigindo a Apple, exploraria ao máximo o Macintosh e depois me ocuparia da próxima grande ideia. A guerra do PC acabou. Fim. A Microsoft ganhou há muito tempo.

— *Fortune*, 1996

É necessário muita disciplina para transformar ideias muito interessantes e novas tecnologias em uma empresa que continua a inovar por anos.

Então, como se comunica às pessoas que elas estão em um ambiente no qual a excelência é esperada? Não se diz isso. Não se coloca no manual do empregado. Essas coisas são inúteis. Tudo o que importa é o produto que resulta do trabalho em grupo. Ele dirá mais do que qualquer coisa que venha de sua boca ou de sua caneta.

Sobre negócios

Também descobri que as melhores empresas dão atenção à estética. Gastam um tempo a mais para elaborar grades e proporcionar tudo de forma apropriada, e parece que compensa. Quer dizer, além dos benefícios funcionais, a estética comunica algo sobre como pensam em si mesmas, seu senso de disciplina em engenharia, como comandam a empresa, coisas do tipo.

— *Inc.*, 1989

Os clientes acham que o preço está muito bom assim. Estamos tentando competir com a pirataria — estamos tentando afastar as pessoas da pirataria e dizer: 'Você pode comprar essas músicas legalmente por um preço justo.' Mas se o preço subir muito, elas voltarão à pirataria. Aí, todo mundo perde.

A revolução da HD acabou, já aconteceu. A HD venceu. Todo mundo quer HD.

— Discurso do Evento Especial da Apple, 2010

Sobre negócios

Muitas pessoas não conseguem esquecer o fato de que não estamos atrás do mercado corporativo. Mas isso é como dizer: 'Como a Gap consegue fazer sucesso sem vender ternos?' Bem, nós também não fazemos produtos direcionados.

— *Fortune*, 2000

Nos negócios, se eu soubesse antes o que sei agora, provavelmente teria feito algumas coisas muito melhor do que fiz, mas também é possível que tivesse feito algumas outras coisas muito pior. Mas e daí? É mais importante estar envolvido com o presente.

— *Fortune*, 1998

Se eu lhe der vinte tijolos, você pode colocá-los no chão e ter vinte tijolos no chão. Ou você pode empilhá-los e começar a construir um muro.

Contratamos pessoas que querem fazer as melhores coisas do mundo.

Sobre negócios

A tecnologia não é nada. O importante é ter fé nas pessoas, acreditar que são essencialmente boas e inteligentes e, que se lhes dermos as ferramentas, elas farão coisas maravilhosas.

— *Rolling Stone*, 1994

E podem ter certeza de que nós o patenteamos!

— Apresentando o iPhone, *Macworld*, 2007

Faça o melhor que pode em todos os trabalhos. Não durma! Sucesso gera mais sucesso, então seja faminto por ele. Contrate boas pessoas com paixão pela excelência.

Sobre negócios

Vocês produzem alguns dos melhores produtos do mundo —, mas também fazem um monte de porcarias. Livrem-se das porcarias.

— Dito à Nike

Havia muita gente na Apple e no ecossistema da Apple jogando o jogo do 'para a Apple ganhar, a Microsoft tem que perder'. E, obviamente, não era preciso jogar aquele jogo, porque a Apple não ia derrotar a Microsoft. A Apple não tinha que derrotar a Microsoft. A Apple tinha de se lembrar de quem era, porque eles tinham esquecido quem era a Apple.

— Conferência All Things Digital D5, 2007

Sobre liderança

Sobre liderança

Minha função não é ser indolente com as pessoas. Minha função é torná-las melhores.

Quando contrato pessoas muito experientes, aposto na competência. Elas têm de ser muito inteligentes. Mas o verdadeiro problema para mim é: elas vão se apaixonar pela Apple? Porque, caso se apaixonem, todo o resto se resolve sozinho.

— *Fortune*, 2008

O mérito não é só meu.

— *BusinessWeek*, 1998

Minha função principal aqui na Apple é garantir que as cem pessoas mais importantes sejam excepcionais. E todo o resto se resolverá sozinho.

— *Time*, 1999

Sobre liderança

Acredito muito em oportunidades iguais em contraste com resultados iguais. Não acredito em resultados iguais porque infelizmente a vida não é assim. Seria muito sem graça se fosse.

— Computerworld Smithsonian Awards, 1995

STEVE JOBS EM 250 FRASES

Tendemos a reduzir a realidade a símbolos, mas o Super Homem não existe mais há muito tempo. O caminho para atingir qualquer coisa significativa é com uma equipe.

— *Inc.*, 1989

Sobre liderança

Meu exemplo para negócios são os Beatles. Eles eram quatro caras que mantinham as tendências negativas dos outros sob controle. Eles equilibravam uns aos outros e o total era maior que a soma das partes. É assim que vejo os negócios: grandes coisas nunca são feitas por apenas uma pessoa, são feitas por uma equipe.

— *60 Minutes*, 2003

Sei que as pessoas gostam de símbolos, mas é sempre perturbador quando escrevem histórias sobre mim, porque tendem a negligenciar muitas outras pessoas.

— *Time*, 1999

Algumas pessoas dizem: 'Ah, meu Deus, se Jobs fosse atropelado por um ônibus a Apple teria problemas.' E, sabe, acho que não seria uma festa, mas há pessoas realmente capazes na Apple. E o conselho diretor teria algumas boas escolhas para nomear como CEO.

— *Fortune*, 2008

Sobre liderança

As pessoas que estão fazendo o trabalho pesado são a força-motriz por trás do Macintosh. Minha função é criar um espaço para elas, afastar o restante da organização e mantê-la a distância.

As coisas que fiz em minha vida, as coisas que fazemos agora na Pixar, são esportes coletivos. Não são algo que uma só pessoa faça.

— *Charlie Rose*, 1996

Sobre inovação

Sobre inovação

A inovação distingue um líder de um seguidor.

De vez em quando um produto revolucionário aparece e muda tudo. É muita sorte poder trabalhar em apenas um desses produtos durante uma carreira... A Apple tem sido muito afortunada por ter apresentado alguns desses produtos.

— Press release da Apple
para o lançamento do iPhone, 2007

Todos querem um MacBook Pro porque ele é o máximo.

— Reunião de acionistas da Apple, 2006

Acreditamos que este é o maior avanço na animação desde que Walt Disney começou tudo com o lançamento de *Branca de Neve* há cinquenta anos.

— *Fortune*, 1995, sobre *Toy Story*

Sobre inovação

A Apple é a única empresa restante de PC que produz todos os seus componentes — hardware e software. Isso significa que a Apple pode decidir que vai produzir um sistema dramaticamente mais fácil de usar, o que é uma grande qualidade quando se está buscando clientes.

O iMac é o computador do ano seguinte que custa 1.299 dólares, não o do ano passado por 999.

— Apresentando o primeiro computador iMac, 1998

Não tem a ver com cultura pop, não tem a ver com enganar as pessoas, não tem a ver com convencer as pessoas a querer algo que não querem. Nós descobrimos o que queremos.

— *Fortune*, 2008

É muito difícil criar produtos baseando-se em discussões em grupo. Muitas vezes, as pessoas não sabem o que querem até que se mostre a elas.

— *BusinessWeek*, 1998

Sobre inovação

Um período criativo como este dura, talvez, apenas uma década, mas pode ser uma década dourada se o administrarmos de forma apropriada.

— Após o lançamento do iMac, *Fortune*, 2000

O que queremos é criar um produto avançado que seja muito mais inteligente do que qualquer dispositivo móvel já foi um dia, e muito fácil de usar. Isso é o iPhone. OK? Então, vamos reinventar o telefone.

Inovação não tem nada a ver com quantos dólares se dedica a pesquisa e desenvolvimento. Quando a Apple apareceu com o Mac, a IBM estava gastando pelo menos cem vezes mais em pesquisa e desenvolvimento. Não tem nada a ver com dinheiro. Tem a ver com as pessoas que temos, como nos conduzimos e quanto entendemos do assunto.

— *Fortune*, 1998

Foi um grande desafio decidir fazer um ótimo telefone pelo qual nos apaixonássemos.

Sobre inovação

Quanto mais ampla a compreensão de alguém sobre a experiência humana, melhor será o design que teremos.

A criatividade está apenas conectando as coisas. Quando se pergunta a pessoas criativas como fizeram algo, elas se sentem um pouco culpadas porque não fizeram nada de verdade, apenas viram algo que pareceu óbvio depois de algum tempo. É porque foram capazes de conectar experiências que tiveram e sintetizar coisas novas.

— 1996

E [a inovação] provém de dizer não a mil coisas para garantir que não tomemos o caminho errado ou tentemos fazer demais. Estamos sempre pensando nos novos mercados em que poderíamos ingressar, mas só dizendo não podemos nos concentrar no que é realmente importante.

— *BusinessWeek*, 2004

Por exemplo, a edição de vídeo no desktop. Nunca recebi um pedido de alguém que quisesse editar vídeos em seu computador. Mesmo assim, agora que as pessoas viram, elas dizem: 'Nossa, é ótimo!'

— *Fortune*, 2000

Sobre inovação

É raro ver um artista com 30 ou 40 anos ser capaz de contribuir realmente com algo maravilhoso.

— *Playboy*, 1985

As pessoas acham que é a aparência — que os designers recebem uma caixa e ouvem: 'Torne-a bonita!' Não é assim que consideramos o design. Não apenas como a aparência e a sensação. O design é o funcionamento.

— *The New York Times*, 2003

Os produtos são uma droga! Não há mais sexo neles!

— Sobre a situação da Apple pouco antes de seu retorno, *BusinessWeek*, 1997

Sabe, você está sempre inovando, sempre fazendo coisas melhores. E se sempre quiser o mais novo e melhor, vai ter que comprar um iPod novo pelo menos uma vez por ano.

— MSNBC, 2006

Sobre inovação

Estamos tentando fazer grandes produtos, e ao menos temos a coragem de seguir nossas convicções e dizer: 'Não achamos que isso seja parte do que faz um grande produto, vamos deixar de fora.' É o que muitos consumidores nos pagam para fazer.

— Conferência All Things Digital D5, 2010

Se você é um carpinteiro e está fazendo uma bela cômoda, não vai usar um pedaço de compensado na parte de trás, mesmo que fique virada para a parede e ninguém nunca vá ver. Você sabe que está lá, então vai usar um bom pedaço de madeira na parte de trás. Para que você durma bem à noite, a estética e a qualidade têm que ser levadas até o fim.

— 1985

A inovação provém de pessoas se encontrando nos corredores ou ligando umas para as outras às 22h30 com uma nova ideia, ou porque perceberam algum furo na maneira como estávamos pensando em um problema.

— *BusinessWeek*, 2004

Sobre inovação

Não leve tudo tão a sério. Se quiser viver sua vida de forma criativa como um artista, você não pode olhar muito para trás. É preciso estar disposto a pegar tudo o que já fez e já foi e jogar fora.

— *Playboy*, 1985

Nós inventamos novos produtos. Nunca sabemos ao certo se as pessoas irão amá-los tanto quanto nós amamos. O mais empolgante é a ansiedade dos dias anteriores a esses eventos.

— CNBC, 2007

Às vezes, quando inovamos, cometemos erros. É melhor admiti-los logo e continuar aprimorando as outras inovações.

Sobre inovação

Por exemplo, o iPhone. Tínhamos um design diferente para este iPhone até estarmos perto demais do lançamento para mudá-lo. Até que cheguei em uma manhã de segunda-feira e disse: 'Simplesmente não consigo amar este telefone. Não consigo me convencer a me apaixonar por ele. E este é o produto mais importante que já fizemos.' E, então, apertamos o botão de reset.

— *Fortune*, 2008

O design do Mac não era o que parecia, ainda que fosse parte do que é. Era, primariamente, a maneira como ele funcionava. Para desenhar alguma coisa muito bem, você precisa entendê-la.

O motivo pelo qual não faríamos um tablet de sete polegadas não é porque não queremos atingir essa faixa de preços, é porque não achamos que se possa fazer um ótimo tablet com um monitor de sete polegadas.

Sobre inovação

Não há outra empresa que pudesse fazer um MacBook Air, e o motivo é que não apenas controlamos o hardware, como também o sistema operacional. E é a profunda interação entre o sistema operacional e o hardware que nos possibilita fazê-lo. Não existe interação profunda entre o Windows e um notebook da Dell.

É preciso começar com a experiência do cliente e ir fazendo o caminho de volta, em direção à tecnologia — não o contrário.

— Conferência Apple Worldwide Developers, 1997

A indústria dos computadores desktop está morta. A inovação praticamente cessou. A Microsoft domina com poucas inovações. Acabou. O mercado de desktops entrou em uma época negra, e ficará nessa época negra pelos próximos dez anos, ou certamente pelo resto da década.

— *Wired*, 1996

Sobre inovação

Há uma velha frase de Wayne Gretzky que eu adoro: 'Eu patino até onde o disco vai estar, não até onde esteve.' E sempre tentamos fazer o mesmo na Apple. Desde o comecinho. E sempre faremos.

Sabe, tenho um plano que podia salvar a Apple. Não posso dizer nada além de que é o produto perfeito e a estratégia perfeita para a Apple. Mas ninguém me ouve lá...

— *Fortune*, 1995

Eles realmente pensaram todo o processo. Fizeram um ótimo trabalho no design dessas lavadoras e secadoras. Estou mais animado com elas do que estive com qualquer peça tecnológica em anos.

— Sobre a Miele, uma fabricante de utensílios domésticos de ponta com base na Alemanha, *Wired*, 1996

Quem quer uma stylus? Você precisa pegá-las, jogá-las fora e perdê-las. Eca. Ninguém quer uma stylus.

Temos coisas muito legais chegando, mas não falamos sobre isso.

— *BusinessWeek*, 1998

Sobre todos os outros

Sobre todos os outros

O único problema da Microsoft é que eles simplesmente não têm gosto, eles não têm gosto algum... Acho que isso me entristece, não o sucesso da Microsoft — não tenho problemas com o sucesso deles, ele mereceram a maior parte do sucesso que têm. Meu problema é com o fato de que eles simplesmente fazem produtos de terceira.

— Documentário da PBS, *Triumph of the Nerds*, 1996

Eu disse a ele que acreditava em cada palavra que dissera, mas que nunca devia tê-las dito em público.

— Sobre ter se desculpado com Bill Gates
por depreciar a Microsoft em um documentário,
The New York Times, 1997

Ninguém tentou nos engolir desde que estou aqui. Acho que eles têm medo do gosto que teríamos em suas bocas.

— *BusinessWeek*, 1998

Com nossa tecnologia, com peças, literalmente três pessoas em uma garagem são capazes de superar o que duzentas pessoas na Microsoft podem fazer.

Sobre todos os outros

Bill Gates seria um cara mais aberto se tivesse tomado ácido uma vez ou ido para um ashram quando era mais novo.

The New York Times, 1997

Infelizmente, as pessoas não estão se rebelando contra a Microsoft. Elas não aprendem.

— *Rolling Stone*, 1994

STEVE JOBS EM 250 FRASES

Nós também tivemos uma sorte incrível de ter tido grandes parceiros com quem começamos as empresas, e atraímos grandes pessoas. Quer dizer, então tudo o que foi feito na Microsoft e na Apple foi feito por pessoas simplesmente excepcionais, nenhuma das quais está sentada aqui hoje.

— Sobre a Microsoft,
Conferência All Things Digital D5, 2007

Vi demonstrações na internet sobre como se pode achar outra pessoa que está usando um Zune e dar a ela uma música que ela pode tocar três vezes. Demora demais. Na hora em que se consegue fazer tudo aquilo, a garota já levantou e foi embora! É muito melhor tirar um de seus fones e colocar na orelha dela. Assim vocês ficam conectados por cerca de 60 centímetros do fio do fone.

— Sobre a competição entre o iPod o Zune da Microsoft,
Newsweek, 2006

Sobre todos os outros

O problema com o frenesi de ser um empreendedor na internet não é que pessoas demais estejam começando empresas; é que pessoas demais não as estão mantendo. De certa forma, é compreensível, porque há momentos em que ficamos desesperados, temos que despedir gente, cancelar coisas e lidar com situações muito difíceis. É quando você descobre quem é e quais são seus valores.

— *Fortune*, 2000

É como dar um copo de água gelada para alguém no inferno!

> — Sobre o iTunes ser um dos maiores desenvolvedores de software para Windows OS, Conferência All Things Digital D5, 2007

Eles estão nos copiando na maior cara de pau.

> — Sobre o desenvolvimento do sistema operacional Vista da Microsoft, *CNET News*, 2005

Sobre todos os outros

Todos eles estão fazendo seus controles ineficientes no formato de círculo, para levar o consumidor a pensar que é uma roda como a nossa. Nós definimos o vernáculo. Eles estão tentando copiar o vernáculo sem entendê-lo.

— Sobre empresas copiando o design do iPod,
The New York Times, 2003

Quando a internet surgiu e o Napster surgiu junto com ela, as pessoas da indústria da música não sabiam o que pensar das mudanças. Muitas delas não usavam computadores, não tinham e-mail — não souberam realmente o que era o Napster por alguns anos. Reagiram de forma bastante lenta. Na verdade, ainda não reagiram de fato.

— *Rolling Stone*, 2003

Sobre todos os outros

A engenharia há muito se perdeu na maioria das empresas de PC. Eles não entendem a parte de software nas empresas de eletrônicos de consumo. Então, não é possível fazer os produtos que fazemos na Apple em lugar algum. A Apple é a única empresa que tem tudo sob o mesmo teto.

— *Fortune*, 2008

O relacionamento entre a equipe de desenvolvimento do Mac na Microsoft e na Apple é ótimo. É um de nossos melhores relacionamentos entre desenvolvedores.

Então, quando essas pessoas vendem seu negócio, mesmo que fiquem incrivelmente ricas, estão privando a si mesmas de uma experiência que é provavelmente uma das mais recompensadoras de suas vidas. Sem ela, podem nunca conhecer o próprio valor ou saber como manter a nova riqueza em perspectiva.

A Apple e a Dell são praticamente as únicas nesta indústria que estão ganhando dinheiro. Eles ganham vendendo no Wal-Mart. Nós ganhamos pela inovação.

Sobre todos os outros

É uma história maravilhosa. Tem roubo, compra de propriedade roubada, extorsão. Tenho certeza de que tem sexo em algum lugar. Alguém deveria fazer um filme sobre ela!

— Sobre as circunstâncias em torno de um protótipo
do iPhone que foi encontrado em um bar
e publicado no blog de tecnologia Gizmodo,
Conferência All Things Digital D8 2010

STEVE JOBS EM 250 FRASES

Nossos amigos do norte gastam mais de 5 bilhões de dólares em pesquisa e desenvolvimento, e tudo o que parecem fazer é copiar o Google e a Apple.

— Sobre a Microsoft, Conferência Apple Worldwide Developers, 2006

Sobre todos os outros

O Japão é muito interessante. Algumas pessoas acham que eles copiam coisas. Não penso mais assim. Acho que o que eles fazem é reinventar as coisas. Eles pegam algo que já foi inventado e estudam aquilo até que a entendam completamente. Em alguns casos, eles entendem melhor que o inventor original.

A Microsoft teve dois objetivos nos últimos dez anos. Um foi copiar o Mac e o outro foi copiar o sucesso da planilha do Lotus — basicamente, as aplicações para negócios. E ao longo dos últimos dez anos a Microsoft conseguiu alcançar ambos os objetivos. E agora estão completamente perdidos.

Bill construiu a primeira empresa de software na indústria e acho que criou a primeira empresa de software antes que qualquer um em nossa indústria soubesse o que é uma empresa de software. E foi importante. Foi realmente importante.

— Sobre Bill Gates,
Conferência All Things Digital D5, 2007

Você acha que sou um [palavrão] arrogante que acha que está acima da lei e eu acho você um idiota que não entende os fatos.

— Para um repórter do *New York Times*
que perguntou sobre a saúde de Jobs, 2008

Sobre todos os outros

É como quando a IBM tirou muitas inovações da indústria de computadores antes de o microprocessador surgir. Eventualmente, a Microsoft vai desintegrar por causa da complacência, e talvez algumas coisas novas cresçam. Mas até que isso aconteça, até que haja alguma mudança fundamental de tecnologia, está simplesmente acabado.

— *Wired*, 1996

Sobre tecnologia

Sobre tecnologia

A web não vai mudar o mundo, certamente não nos próximos dez anos. Vai ampliar o mundo.

— *Wired*, 1996

Para mim, a coisa mais empolgante na área de software é a internet, e parte do motivo é que ninguém a possui. É livre para todos, é muito como os primeiros tempos do computador pessoal.

— *Wall $treet Week*, 1995

Vai deixar você de queixo caído.

> — Sobre o primeiro computador da NeXT,
> *The New York Times*, 1989

Os computadores são a primeira coisa que vai interagir com as pessoas infinitamente sem julgamento desde os livros.

> — *Playboy*, 1985

Sobre tecnologia

Os clientes não podem imaginar do que a tecnologia é capaz.

— *Inc.*, 1989

Adoro coisas que nivelam a hierarquia, que colocam o indivíduo no mesmo nível de uma organização, ou um pequeno grupo no mesmo nível de um grupo grande com muito mais recursos. E a web e a internet fazem isso. É muito profundo.

— *Wired*, 1996

O computador é a ferramenta mais incrível que já vimos. Pode ser uma ferramenta de escrita, um centro de comunicações, uma supercalculadora, uma planilha, um arquivo e um instrumento artístico, tudo em um único lugar, através de novas instruções, ou software, com que trabalhar. Não há outras ferramentas que possuam o poder e a versatilidade de um computador.

— *Playboy*, 1985

Pessoas mais velhas sentam-se e perguntam: 'O que é isso?' Mas o menino pergunta: 'O que posso fazer com isso?'

Sobre tecnologia

Acho que os humanos são basicamente construtores de ferramentas, e o computador é a mais fantástica ferramenta que já construímos. A grande sacada que muitos de nós tivemos nos anos 1970 foi ver a importância de colocar essa ferramenta nas mãos de indivíduos.

— *Inc.*, 1989

Estamos chegando a um ponto em que tudo é um computador de um formato diferente. E daí, não é? E daí se alguma coisa tem um computador dentro? Não importa. O que é? Como se usa? Sabe, como o consumidor lida com isso? E quem ainda se importa com o que tem dentro?

— Conferência All Things Digital D5, 2007

As pessoas são inerentemente criativas. Elas usam as ferramentas de maneiras que seus criadores nunca imaginaram ser possíveis.

— *Inc.*, 1989

Acho que aproximou muito o mundo, e vai continuar a fazê-lo. Há pontos negativos em tudo; há consequências inesperadas para tudo. A peça tecnológica mais corrosiva que eu já vi chama-se televisão — mas, enfim, televisão, em seu melhor uso, é magnífica.

— *Rolling Stone*, 2003

Sobre tecnologia

As coisas mais empolgantes acontecendo hoje em dia são os aparelhos e a web. A web é empolgante por duas razões. Um, é onipresente. Há tom de discagem para a web em todo lugar. E tudo o que é onipresente fica interessante. Dois, não acho que a Microsoft vai descobrir um jeito de possuí-la. Haverá muito mais inovação, e isso vai criar um lugar onde não existe essa nuvem negra de controle.

— *Wired*, 1996

Muitas pessoas estão começando a sentir que ter em casa um computador pessoal, especialmente um que seja capaz de proporcionar uma experiência na internet robusta como o iMac, é um eletrônico essencial.

— *BusinessWeek*, 1998

Se você olhar para as coisas que fiz em minha vida, elas têm um elemento democratizador. A web é um incrível instrumento de democratização. Uma empresa pequena pode parecer tão grande quanto uma grande empresa e ser tão acessível quanto uma grande empresa na web. Grandes empresas gastam centenas de milhões de dólares construindo seus canais de distribuição. E a web vai neutralizar completamente essa vantagem.

— *Wired*, 1996

Sobre tecnologia

O Apple II descascou a camada de hardware. Você não precisava entender de hardware para utilizar um computador. O passo seguinte foi a transição do Apple II para o Macintosh, que descascou a camada do conhecimento de computação, por assim dizer. Em outras palavras, não era necessário ser um hacker ou um cientista de computação para usar um daqueles.

— *Inc.*, 1989

Achamos que basicamente você assiste à televisão para desligar seu cérebro, e trabalha em um computador quando quer ligá-lo.

— *Macworld*, 2004

O que podemos colocar em um computador por mil dólares é simplesmente inacreditável.

Os próprios computadores e softwares que ainda serão desenvolvidos vão revolucionar a maneira como aprendemos.

Ele toma instruções muito simples — 'mostre um número, adicione isso a esse número, oloque o resultado aqui, perceba que ele é maior que este outro número' —, mas as executa em uma taxa de, digamos, 1 milhão por segundo. A 1 milhão por segundo os resultados parecem mágica.

— Explicando os primeiros computadores

Sobre tecnologia

Para mim, o computador é a ferramenta mais incrível que já inventamos. É o equivalente a uma bicicleta para nossa mente.

— *Memory and Imagination:*
New Pathways to the Library of Congress (1991)

O aperfeiçoamento disso será cada vez mais visível — o computador como servo. Mas o passo seguinte será o computador como guia ou agente.

A razão que motivará a maioria das pessoas a comprar um computador para ter em casa será ligá-lo a uma rede nacional de comunicação. Estamos apenas nos estágios iniciais do que será um marco verdadeiramente extraordinário para a maioria das pessoas — tão extraordinário quanto o telefone.

Essas tecnologias podem tornar a vida mais fácil, podem permitir que alcancemos pessoas que não poderíamos do contrário. Você pode ter um filho com um defeito de nascença e pode entrar em contato com outros pais e apoiar grupos, conseguir informações médicas, os mais recentes remédios experimentais. Essas coisas podem influenciar profundamente a vida. Não estou subestimando isso.

Sobre motivação

Sobre motivação

Acho que tenho mais cinco grandes produtos na cabeça.

— *Esquire*, 1986

Porque eu sou o CEO e acho que pode ser feito.

— Sobre por que ele decidiu ignorar os engenheiros que achavam que o iMac não era factível,
Time, 2005

Sempre que fazemos alguma coisa intensamente por um período, temos que desistir de outras vidas que poderíamos estar vivendo. É preciso ter uma visão extremamente focada se quisermos realizar qualquer coisa significativa. Especialmente se o desejo não é ser um homem de negócios, mas uma pessoa criativa.

— *Esquire*, 1986

Sobre motivação

Somos os últimos na indústria capazes de fazê-lo, e é exatamente por isso que o fazemos.

Nosso objetivo é fazer os melhores aparelhos do mundo, não ser os maiores.

— Teleconferência com analistas, 2010

Nosso DNA é o de uma empresa voltada para o consumidor — para aquele indivíduo que está dando uma avaliação positiva ou negativa. É nele que pensamos. Achamos que nossa função é sermos responsáveis por toda a experiência do usuário. E se está abaixo do padrão, é nossa culpa, pura e simplesmente.

Acreditamos que os consumidores são espertos e querem aparelhos bem pensados.

Sobre motivação

Lembrar que vamos morrer é o melhor jeito que conheço para evitar a armadilha de pensar que temos algo a perder. Já estamos nus. Não há motivo para não seguir seu coração.

Você simplesmente faz o melhor produto que puder e não o lança até sentir que está bom. Mas não importa o que a razão lhe diz, seu coração vai estar acelerado quando as pessoas estiverem prestes a ver o que você produziu.

Se eles continuam se arriscando a fracassar, ainda são artistas. Dylan e Picasso estavam sempre se arriscando a fracassar.

Leonardo da Vinci era um grande artista e um grande cientista. Michelangelo sabia muito sobre como cortar pedra na mina. Os melhores cientistas de computação que conheço são todos músicos.

Sobre motivação

Tenho muito respeito por incrementos, e fiz esse tipo de coisa em minha vida, mas sempre tive atração por mudanças mais revolucionárias. Não sei por quê. Porque são mais difíceis. São muito mais exaustivas emocionalmente. E sempre passamos por um período no qual todos nos dizem que falhamos completamente.

Não temos oportunidade de fazer muitas coisas, e todas deveriam ser realmente excelentes. Porque essa é a sua vida. A vida é curta, e então você morre... E todos nós escolhemos fazer isso com nossas vidas. Então, é melhor que seja muito bom. É melhor que valha a pena.

— *Fortune*

Queremos ficar na interseção entre computadores e humanismo."

"Por que música? Bem, amamos música e é sempre bom fazer algo que se ama.

— Apresentando o primeiro iPod, 2001

Sobre motivação

Achamos que o Mac vai vender zilhões, mas não o criamos para os outros. Criamos para nós mesmos.

Ainda temos muito interesse pelo hardware. Adoramos o hardware. [...] Ainda gasto um tempão trabalhando em novos computadores, e isso sempre será algo primordial para a Apple. Mas a experiência do usuário é o que mais nos importa, e estamos expandindo essa experiência para além do hardware, criando um melhor uso da internet.

— *Fortune*, 2000

A pior coisa que pode acontecer enquanto crescemos e ganhamos um pouco mais de influência no mundo é mudarmos nossos valores centrais e começar a deixá-los se perder. Não posso fazer isso. Prefiro desistir. Temos os mesmos valores agora que tínhamos antes.

— Sobre se a empresa deveria ter perseguido o Gizmodo, Conferência All Things Digital D8, 2010

Sobre motivação

Há um DNA muito forte na Apple que se refere a pegar uma tecnologia de última geração e torná-la simples para as pessoas.

— *Guardian*, 2005

Minha atitude ao voltar para a Apple foi de que nossa indústria estava em coma. Aquilo me lembrava de Detroit nos anos 1970, quando os carros americanos eram barcos sobre rodas.

Todos aqui sentem que agora é um daqueles momentos em que estamos influenciando o futuro.

As pessoas dizem que é preciso ter muita paixão pelo que se está fazendo, e isso é totalmente verdadeiro. E é porque é tão difícil que se não houvesse paixão qualquer pessoa racional desistiria.

— Conferência All Things Digital D5, 2007

Sobre motivação

Estou convencido de que cerca de metade do que separa empreendedores bem-sucedidos dos que não têm sucesso é pura perseverança. É muito difícil. Você coloca demais de sua vida nisso.

— *Computerworld Smithsonian Awards*, 1995

É preciso ter cuidado ao escolher o que se vai fazer. Quando se escolhe alguma coisa da qual realmente se gosta, e é algo que vale a pena fazer, então você pode esquecer e apenas trabalhar. A dedicação vem naturalmente.

— *Fortune*, 1998

Tenho trabalhado como um louco aqui. Não acho que poderia trabalhar mais.

— *BusinessWeek*, 1998

Simplesmente somos entusiasmados com o que fazemos.

É difícil saber com esses iniciantes da internet se eles estão mesmo interessados em construir empresas ou se só estão interessados no dinheiro. Mas posso lhe dizer o seguinte: se não querem construir uma empresa, eles não vão ter sorte. É porque é tão difícil, que se você não tem paixão, vai desistir.

— *Fortune*, 2000

Sobre legado

Sobre legado

Vai entrar para a história como um ponto de virada na indústria da música. É um marco. Não podemos subestimá-los!

— Sobre o iPod e a loja de música iTunes, *Fortune*, 2003

A Pixar está fazendo arte atemporal. As crianças vão assistir *Toy Story* no futuro. E a Apple é mais como uma corrida constante para melhorar continuamente as coisas e ficar à frente da concorrência.

— *Time*, 1999

Ser o homem mais rico do cemitério não me interessa... Ir para a cama à noite dizendo que fizemos algo maravilhoso... Isso é o que importa para mim.

— *Wall Street Journal*, 1993

Nossos anos têm sido tão cheios de problemas, sucessos, aprendizados e experiências que um ano é uma vida na Apple.

Sobre legado

A Pixar é a empresa criativa mais avançada tecnicamente; a Apple é a empresa técnica mais avançada criativamente.

— *Fortune*, 2005

É por isso que amo o que fazemos — criamos as ferramentas e elas estão sempre nos surpreendendo.

— Conferência All Things Digital D5, 2007

Nós sonhávamos com essas coisas. Agora podemos construí-las. É ótimo.

— Discurso de abertura, Conferência Apple Worldwide Development, 2004

As coisas não precisam mudar o mundo para serem importantes.

— *Wired*, 2006

E não, não sabemos aonde isso vai levar. Sabemos apenas que há algo muito maior do que qualquer um de nós aqui.

Sobre legado

A Apple é mesmo diferente. Eu dizia que a Apple deveria ser a Sony deste negócio, mas, na realidade, acho que a Apple deveria ser a Apple desse negócio.

— *BusinessWeek*, 1998

Admitimos que cometemos erros porque ninguém fez isso antes.

— Sobre a política de rejeição da App Store da Apple, Conferência All Things Digital D8, 2010

A Apple é uma empresa de 30 bilhões de dólares e, ainda assim, temos menos de trinta grandes produtos. Não sei se isso já foi feito antes.

Se você sair e perguntar às pessoas o que está errado com os computadores, elas dirão que eles são complicados demais, que têm um zilhão de cabos saindo da parte de trás, que são muito grandes e barulhentos, que são horríveis e que levam tempo demais para entrar na internet. Então, nos preparamos para resolver esses problemas com produtos como o iMac.

CNA, 1999

A experiência de comprar e possuir um Mac é provavelmente melhor que a de qualquer produto que conheço.

— CNBC, 2006

Sobre legado

Levamos três anos para construir o computador NeXT. Se tivéssemos dado aos consumidores o que eles disseram que queriam, teríamos construído um computador que os teria deixado felizes um ano depois de falarmos com eles — não algo que desejariam agora.

A mesma inovação, a mesma engenharia, o mesmo talento, aplicados a algo que não tenta confrontar o fato de que a Microsoft tem monopólio, e bum! Temos 75% de participação de mercado.

— Sobre o sucesso do iPod

Não acho que as pessoas tenham responsabilidades especiais só porque fizeram alguma coisa de que os outros gostam ou não. Acho que o trabalho fala por si mesmo.

— Smithsonian Institution, 1995

A participação de mercado da Apple é maior que a da BMW, da Mercedes ou da Porsche no mercado de automóveis. O que há de errado em ser a BMW ou a Mercedes?

Sobre legado

Me perguntam muito por que os clientes da Apple são tão fiéis. Não é porque pertencem à Igreja do Mac! Isso é ridículo.

Tenho tanto orgulho do que não fazemos quanto do que fazemos.

— *BusinessWeek*

A maioria das pessoas não sabe como uma transmissão automática funciona, mas sabe dirigir um carro. Não é preciso estudar física para entender as leis do movimento para dirigir um carro. Não é necessário entender nada disso para usar um Macintosh.

Agora estamos vendendo mais de 5 milhões de músicas por dia. Não é inacreditável? São 58 músicas a cada segundo, de cada minuto, de cada hora, de cada dia.

Sobre legado

Então, não usemos uma stylus. Vamos usar o melhor dispositivo indicador do mundo. Vamos usar um dispositivo indicador com o qual nascemos — nascemos com dez deles. Vamos usar nossos dedos. Vamos tocar com os dedos. E inventamos uma nova tecnologia chamada multitouch, que é fenomenal. Funciona como mágica.

Picasso tinha um ditado: 'Bons artistas copiam, grandes artistas roubam.' Nunca tivemos vergonha de roubar grandes ideias... Acho que parte do que tornou o Macintosh ótimo foi que as pessoas que trabalharam nele eram músicos, poetas, artistas, zoólogos e historiadores, que também calhavam de ser os melhores cientistas de computação do mundo.

– Entrevista, 1994

Não há nada que me deixe mais feliz que receber o e-mail de um desconhecido que acabou de comprar um iPad no Reino Unido e me conta que é o produto mais legal que ele já comprou na vida. É isso o que me faz continuar.

A Apple recusa muitos produtos — dezenas por ano; se contarmos com todos os menores, provavelmente uns cem. A Pixar está se esforçando para recusar um ao ano. Mas essa oposição é porque os produtos da Pixar vão ser usados daqui a cinquenta anos, enquanto não acho que estaremos usando daqui a cinquenta anos nenhum produto que a Apple colocar no mercado este ano.

— *Time*, 1999

Sobre legado

John Sculley arruinou a Apple, e a arruinou por levar para o topo da Apple uma série de valores que eram corruptos e corromperam algumas pessoas importantes que estavam lá, afastou alguns dos que não eram corruptíveis, admitiu mais corruptos e lhes pagou coletivamente dezenas de milhões de dólares e se importava mais com as próprias glória e riqueza do que com o que tinha construído a Apple — que era fazer grandes computadores para as pessoas usarem.

— Programa do Computerworld
Smithsonian Awards, 1995

Examinamos o sistema operacional, analisamos tudo e nos perguntamos como podemos simplificá-lo e torná-lo mais poderoso ao mesmo tempo.

Deixamos os botões na tela tão bonitos que você vai querer lambê-los.

— *Fortune*, 2000

Click. Bum. Fantástico!

— Discurso de abertura da Macworld, 2006

Eu tive muitas namoradas. Mas a maior emoção da minha vida foi o dia em que apresentamos o Macintosh.

— *Esquire*, 1986

Sobre a vida

Sobre a vida

Eu trocaria toda a minha tecnologia por uma tarde com Sócrates.

— *Newsweek*, 2001

Seu tempo é limitado, então não o desperdice vivendo a vida de outra pessoa... Não deixe o ruído das opiniões alheias abafar sua voz interior. E, mais importante, tenha a coragem de seguir seu coração e sua intuição. Eles já sabem, de alguma forma, o que você realmente quer se tornar.

— Discurso de formatura na
Universidade de Stanford, 2005

É mais divertido ser um pirata do que entrar para a Marinha.

— *Odyssey: Pepsi to Apple*, 1982

Pode-se dizer muito sobre uma pessoa baseando-se em quem são seus heróis.

— *BusinessWeek*, 2004

Aqueles que são loucos o bastante para achar que podem mudar o mundo são aqueles que mudam.

— "Think Different", vídeo promocional da Apple, 1997

Sobre a vida

Sou a única pessoa que conheço que perdeu 250 milhões de dólares em um ano... Foi um bom construtor de caráter.

— *Apple Confidential 2.0: The Definitive History of the World's Most Colorful Company*, 2004, de Owen W. Linzmayer

Às vezes, a vida nos atinge na cabeça com um tijolo. Não perca a fé.

STEVE JOBS EM 250 FRASES

Apenas tento ser um pai tão bom para eles quanto meu pai foi para mim. Penso nisso todos os dias de minha vida.

— Sobre criar seus filhos, *The New York Times*, 1997

Eu ganho 50 centavos por vir trabalhar... E os outros 50 centavos são baseados em minha performance.

— Reunião de acionistas da Apple, 2007, sobre seu salário anual de 1 dólar

Não existe motivo para não seguir seu coração.

Sobre a vida

Eu valia mais de 1 milhão de dólares quando tinha 23 anos, e mais de 10 milhões quando tinha 24, e mais de 100 milhões quando eu tinha 25, e isso nunca foi tão importante porque eu nunca fiz nada pelo dinheiro.

— *Triumph of the Nerds*, 1996

O único jeito de fazer um grande trabalho é amar o que se faz. Se você ainda não encontrou, continue procurando. Não se acomode. Como em todas as questões do coração, você saberá quando encontrar.

— Discurso de formatura na Universidade de Stanford, 2005

Penso na maioria das coisas da vida como uma música de Bob Dylan ou dos Beatles.

— Conferência All Things Digital D5, 2007

Sou um otimista no sentido de que acredito que os seres humanos são nobres e honrados, e que alguns deles são realmente inteligentes. Tenho uma visão muito otimista dos indivíduos. Como indivíduos, as pessoas são inerentemente boas. Tenho uma visão um pouco mais pessimista sobre pessoas em grupos.

— *Wired*, 1996

Essa foi uma das coisas que ficou mais clara com toda essa experiência. Percebi que amo minha vida. Mesmo. Tenho a melhor família do mundo, e tenho meu trabalho. E isso é praticamente tudo o que faço. Não me socializo muito nem vou a conferências. Amo minha família, amo dirigir a Apple e amo a Pixar. E posso fazer essas coisas. Sou muito sortudo.

— Sobre viver com câncer, *BusinessWeek*, 2004

Sobre a vida

Não se pode ligar os pontos olhando para a frente; só é possível ligá-los olhando para trás. Então, é preciso confiar que de alguma maneiras eles vão se conectar em seu futuro. É preciso confiar em alguma coisa — em seu instinto, seu destino, sua vida, seu carma, no que quer que seja. Essa atitude nunca me deixou na mão, e fez toda a diferença em minha vida.

— Discurso de formatura
na Universidade de Stanford, 2005

Muito do que encontrei por acaso ao seguir minha curiosidade e minha intuição acabou sendo inestimável mais tarde.

Para mim, oportunidades iguais significam, antes de tudo, uma ótima educação.

Não penso muito sobre meu tempo de vida. Simplesmente levanto de manhã, e é um novo dia.

Penso sobre o ontem, sonho com o amanhã, mas vivo o hoje.

Sobre a vida

Sinto muito, é verdade. Ter filhos realmente muda sua visão dessas coisas. Nós nascemos, vivemos por um breve instante e morremos. Tem acontecido por um bom tempo. A tecnologia não está mudando muito isso — se é que muda alguma coisa.

— *Wired*, 1996

Não percebi na época, mas acabou que ser despedido da Apple foi a melhor coisa que poderia ter acontecido comigo. O peso de ser bem-sucedido foi substituído pela leveza de ser de novo um iniciante, menos seguro sobre tudo. Isso me libertou para entrar em um dos períodos mais criativos de minha vida.

— Discurso de formatura
na Universidade de Stanford, 2005

STEVE JOBS EM 250 FRASES

Acho que um dos recursos mais preciosos que temos hoje em dia é o tempo livre.

— *ABC News*, 2005

Sempre estarei ligado à Apple.

— *Playboy*, 1985

Sobre a vida

O fato é que não voltei à Apple para fazer fortuna. Eu tive muita sorte na vida, e já tenho uma. Quando eu tinha 25 anos, meu patrimônio líquido era de aproximadamente 100 milhões de dólares. Decidi então que não deixaria aquilo arruinar minha vida. Não há maneira de gastar tudo isso, e não vejo a riqueza como algo que valide minha inteligência.

Sabe, minha reação principal a essa coisa de dinheiro é achar engraçada, toda a atenção que dão a isso, porque nem de longe é a coisa mais significativa ou valiosa que aconteceu comigo.

— *Playboy*, 1985

STEVE JOBS EM 250 FRASES

Continuo extremamente preocupado quando vejo o que está acontecendo com nosso país, que é, de muitas maneiras, o lugar mais sortudo do mundo. Não parecemos estar motivados em tornar nosso país um lugar melhor para nossos filhos.

— *Wired*, 1996

Minha identidade não gira em torno de ser um homem de negócios, embora eu reconheça que é isso o que faço. Penso em mim mais como uma pessoa que cria grandes coisas. Gosto de construir grandes coisas. Gosto de produzir ferramentas que são úteis às pessoas.

— *Esquire*, 1986

Sobre a vida

Sinto como se alguém tivesse me socado no estômago e tirado meu fôlego. Só tenho 30 anos e quero ter a chance de continuar criando coisas. Sei que tenho pelo menos mais um grande computador na cabeça. E a Apple não me dá a chance de fazê-lo.

— *Playboy*, 1987

Eu sempre disse que se chegasse o dia em que eu não pudesse mais corresponder a meus deveres e expectativas como CEO da Apple, eu seria o primeiro a dizer a vocês. Infelizmente, esse dia chegou.

— Memorando aos funcionários da Apple, 2011

STEVE JOBS EM 250 FRASES

Ninguém quer morrer. Mesmo pessoas que querem ir para o céu não querem morrer para chegar lá. E, mesmo assim, a morte é o destino que todos compartilhamos. Ninguém jamais escapou dela. E é como deve ser, porque a morte é muito provavelmente a melhor invenção da vida.

— Discurso de formatura
na Universidade de Stanford, 2005

E mais uma coisa...

— Uma frase frequentemente usada para revelar
produtos no fim das apresentações da Apple

Sobre a vida

Lembra-se do *Whole Earth Catalog*? A última edição tinha uma foto na contracapa de uma estrada remota onde pede-se carona para Oregon. Era uma bela foto, e tinha uma legenda que realmente me pegou. Dizia: 'Continue faminto. Continue tolo.' Não era um anúncio de nada — apenas uma das profundas declarações de Stewart Brand. É sabedoria. 'Continue faminto. Continue tolo.'

— *Fortune*, 1998

Fiz de tudo no começo — documentação, vendas, cadeia de suprimentos, limpeza, tudo. Eu montava computadores com minhas próprias mãos. E, à medida que a indústria crescia, eu continuava fazendo isso.

— *BusinessWeek*, 2004

Este livro foi composto na tipologia Frutiger LT Std,
em corpo 10/15,5 e impresso em papel off-white
no Sistema Cameron da Divisão Gráfica
da Distribuidora Record.